NUEVAS FÁBULAS DE ANIMALES

Título original: Le favole degli animali di Fedro
Texto: Stefania Lepera
Ilustraciones: Laura Giorgi
Traducción: Silvia Iriso (La Letra, S.L.)
Realización: La Letra, S.L.

Redazione Gribaudo
Via Strà, 167
37030 Colognola ai Colli (VR)
redazione@gribaudo.it

Responsable de producción: Franco Busti
Responsable de redacción: Laura Rapelli
Responsable gráfico: Meri Salvadori
Fotolito y preimpresión: Federico Cavallon, Fabio Compri
Secretaria de redacción: Elisa Dompieri

Impresión y encuadernación: Liberdúplex (Barcelona)

Socio único Giangiacomo Feltrinelli Editore srl
Via Andegari, 6 - 20121 Milán
info@editorialgribaudo.com
www.editorialgribaudo.com

Primera edición: febrero de 2024
ISBN: 978-84-127631-5-7
D. L.: B. 19.962-2023

NUEVAS FÁBULAS DE ANIMALES

Adaptadas por
Stefania Lepera

Ilustraciones de
Laura Giorgi

GRIBAUDO

INTRODUCCIÓN

El griego Esopo escribió unas fábulas que gozaron de un éxito tremendo a lo largo de los siglos. A su imagen y semejanza un autor latino del siglo I d. C. creó otras tantas historietas, también protagonizadas por animales y asimismo con una clara intención didáctica. Se llamaba Fedro y de su colección surge hoy esta antología.

Aquí veremos en escena a los animales en las más diversas situaciones, luchando contra el hambre o la vanidad, invadidos por el miedo o la curiosidad, preocupados por mil problemas distintos o mostrando los vicios y virtudes más típicos del género humano. Estos cuentos no solo sirven para divertir a los niños y niñas sino también para que reflexionen y aprendan valores. Cada relato incluye, además, una moraleja final en donde se resume claramente la lección que hay que extraer de lo narrado. Muchas veces nos sentimos identificados con los personajes y así, al llegar a la última página, tenemos ganas de decir: «Bien hecho».

EL LOBO Y EL CORDERO

En una tarde de verano, un lobo vagaba por el bosque un tanto aburrido.

«¡Buff! —pensaba—. ¡Qué día tan monótono! ¿Dónde está todo el mundo?»

Aquel lobo era un matón, y se ponía de mal humor cuando no encontraba a quién maltratar.

Su principal entretenimiento era molestar a los demás aprovechando el miedo que inculcaban sus colmillos. Había asustado a las codornices cuando estaban incubando sus huevos tranquilamente. Había hecho rabiar a las liebres mientras pastaban en la hierba. No se conformó con atrapar a una para comérsela, no: quiso divertirse haciéndolas saltar a todas de aquí para allá como si fueran muellecitos.

Nunca se encaraba con quien pudiera hacerle frente. Con los osos, por ejemplo, era muy amable y considerado; también se mantenía alejado de los puercoespines, con sus púas peligrosas, y de los tejones, que tenían muy mal genio. Pero, ¡ay si se encontraba con alguien más débil e indefenso! Entonces todo eran ganas de reírse a su costa.

Un día, soplando y resoplando después de sus correrías, se acercó a un arroyo en donde un pequeño cordero bebía plácidamente. ¡Qué contento se puso en cuanto lo vio! «Está aquí solo —observó—. No hay ningún perro pastor en el horizonte.» Entonces, disimulando sus intenciones, se acercó a la orilla e inclinó la cabeza para beber. Miró al pequeño y dijo, rechinando los dientes:

—¡Eh, tú! ¿Cómo te atreves a ensuciar MI agua?

—P... p... pero... —balbuceó el corderito, asustado—. Si yo no puedo ensuciarla. ¡Eres tú quien vive en la montaña, cerca de donde nace el río! Yo solo me muevo por el valle.

Tenía razón, pero al lobo le daba igual.

—¡De todos modos te he reconocido! —tronó—. ¡Hace seis meses fuiste por ahí hablando mal de mí!

—Pero si hace seis meses ni siquiera había nacido —trató de objetar el pequeño.

A lo que el lobo respondió:

—¡Entonces el canalla fue tu padre!

El cordero no sabía qué responder, y el lobo decidió que ya se había divertido bastante. Así que se lanzó sobre aquella presa fácil y la hizo desaparecer de un solo bocado.

¿Qué enseña esta historia?

Aléjate de los matones, porque no atienden a razones.

LA ARROGANTE CORNEJA Y LOS PAVOS REALES

Un día, una corneja sobrevolaba un gran prado cuando de repente vio algo extraño sobre la hierba. Era como un pequeño arcoíris que se hubiera caído del cielo. Intrigada, se posó en el suelo y descubrió un brillante montoncito de plumas de pavo real que habían quedado atrapadas en un arbusto espinoso.

—¡Oh, mira lo que tenemos aquí! —graznó, muy contenta—. Estos colores le quedarán muy bien a mi plumaje. Ahora ya soy la más hermosa, pero con estos colores ¡me volveré magnífica, croar, croar!

La corneja recogió una por una las plumas coloridas, y se las colocó en la cola. Después, dando pequeños pasos con gran solemnidad, se dirigió a un grupo de córvidos que picoteaban en un campo cercano.

—Buenos días, colegas —apostó—. ¿Habéis visto lo guapa que estoy? ¡Soy todavía más bella que de costumbre!

El resto de pájaros apenas levantó la cabeza de su comida. Estaban acostumbrados a la actitud arrogante de su compañera y no le hicieron ni caso.

La presumida se paseó durante un rato más, intentando llamar la atención sin éxito. Por fin, se dio por vencida y se enfadó.

—¡Soy una incomprendida! No sé por qué malgasto mi tiempo con vosotros. ¿Sabéis lo que os digo? Me iré con quien realmente aprecie la belleza.

Dicho esto, la corneja se fue volando hasta una familia de pavos reales que dormitaba a la sombra de un árbol. Sin preocuparse por interrumpir su siesta, aterrizó con un crujido de alas y comenzó a graznar con fuerza.

—Amigos, mirad quién está aquí. Soy la más hermosa, más incluso que vosotros, pues mis plumas añaden el negro a los colores del arcoíris.

Los pavos reales, sin embargo, no reaccionaron como esperaba la advenediza. En absoluto. Recién despertados con tanto sobresalto, confundieron a la extraña criatura con un agresor y se abalanzaron sobre ella. La picotearon con furia y acabaron por arrancarle tanto sus plumas postizas como las naturales.

—¡Ay, ay, ay! ¡Parad! ¿Pero qué os pasa? —gritaba—. ¡Me hacéis daño!

Al poco rato, los pavos se calmaron, pero dejaron a la presuntuosa con parches de piel al aire, desplumados por efecto de los picotazos. De mal humor, pero sin atreverse a decir una palabra, regresó junto a sus semejantes.

Estos seguían reunidos en el campo cazando gusanos y recolectando semillas. La corneja se acercó con cautela y por una vez sin hacer ningún aspaviento. Esperaba ser bien recibida y quizá consolada por su mala suerte, pero en cuanto los demás la vieron, se echaron a reír.

—Mira quién ha vuelto.. ¡La más hermosa ahora parece un pollo asado! ¡Ja, ja, ja!

Profundamente humillada, la presumida murmuró:

—Vamos, olvidemos aquello; era una broma.

—Pues adelante, querida. Haz broma de nuevo y diviértete mientras escarbas aquí entre el polvo —le respondieron, a la vez que levantaban el vuelo y dejaban sola a su compañera.

¿Qué enseña esta historia?

Quien desprecia a sus semejantes corre el riesgo de quedarse solo.

EL PERRO Y SU TROZO DE CARNE

Un perro callejero, muy hambriento, vagaba por la ciudad cuando se encontró frente a una carnicería. ¡Qué olor salía de aquella tienda! ¡Como para perder la cabeza!

El animal se quedó un rato allí sentado, soñando con bocados deliciosos. Por fin una señora salió de la tienda y se apiadó de él.

—Toma, perro bonito —dijo mientras rebuscaba en la bolsa de la compra—. Aquí tienes algo para almorzar.

Para su sorpresa, la mujer sacó un gran trozo de carne, bien jugoso, unido a un hueso igualmente grande y suculento. Tras un primer momento de duda, el can se acercó, agarró el manjar y salió pitando.

Quería llegar a su guarida en el campo. Allí podría comer sin temor a ser molestado por otros perros igual de famélicos que él. Para ello debía atravesar un riachuelo y decidió hacerlo a nado. El puente quedaba demasiado lejos y no quería dar más vueltas.

De este modo, sujetando el trozo de carne entre los dientes, se zambulló y comenzó a nadar con la cabeza fuera. Era un gran esfuerzo, pero el sabor de la carne le daba mucha energía. Sin embargo, en cierto momento vio algo por el rabillo del ojo: otro perro nadaba a su lado ¡y también llevaba un trozo de carne en su bocaza! Aquella imagen cruzó su mente perruna y lo empujó a actuar al instante.

«Su trozo de carne es más grande que el mío», se dijo. Y ya no pudo pensar en otra cosa. Comenzó a darle vueltas a eso y un intenso deseo de conseguir el otro pedazo se apoderó de su mente... y de sus músculos. Con un empujón de las patas traseras se arrojó sobre el otro animal mientras abría la boca para robarle la carne. Inmediatamente, la suya se soltó y se hundió en el río.

¡Pobre perrito! En su afán por conseguir una comida más suculenta, no se dio cuenta de que no había nadie más en el río. ¡Lo que vio fue su propio reflejo en el agua!

Así que, por no conformarse con lo que tenía, acabó ayunando también ese día.

¿Qué nos enseña esta historia?

Más vale pájaro en mano que ciento volando.

LA OVEJA, LA VACA, LA CABRILLA Y EL LEÓN

En un tiempo lejano, una oveja, una vaca y una cabrilla vivían juntas cerca de un bosque. Aunque eran tan distintas, estar cerca les ayudaba a defenderse de los peligros y, además, las tres se llevaban muy bien.

Un día, mientras pastaban en un claro, un aroma en el aire les puso los pelos de punta. Lo conocían muy bien y sabían que era mejor no notarlo jamás: ¡olía a león!

Antes de que pudieran huir o esconderse, el poderoso felino asomó sus ojos feroces entre la maleza.

—¡Por favor, no nos comas! —baló la cabrilla.

—¡Ja, ja, ja! —rió el león—. ¡Si hubiera querido comeros ya lo habría hecho! Si estoy aquí es para proponeros un pacto.

—¿Un pacto? —mugió la vaca, desconfiada.

—Exacto, un acuerdo muy beneficioso para las tres. Ayudadme a atrapar al ciervo y luego lo dividiremos. La carne de venado me gusta mucho más que la vuestra, así que como veis prefiero que me sirváis de ayuda en la caza.

La oveja, la cabrilla y la vaca se miraron buscando consejo. Forjar una alianza con el león era una gran oportunidad: además de estar a salvo, tendrían suficiente comida y el resto de criaturas del bosque les guardarían respeto, ¡como aliadas del rey!

—Trato hecho —baló la oveja, en nombre de todas.

—¡Una gran decisión! —respondió el león.

Acto seguido el extraño grupo se dispuso a cazar, y tras un par de horas, consiguió su objetivo. Llegado el momento de repartirse la presa, el león dijo, lamiéndose el bigote:

—Así es como vamos a proceder. Yo me quedo con la cabeza, porque soy el rey del bosque y es mi derecho. Luego tomaré las paletillas, porque es lo que me toca como parte de nuestro acuerdo. Después me comeré el lomo y las ancas porque soy el más fuerte y eso es lo que quiero. Para vosotros quedarán las patas y la cola, pero si os las coméis, os mataré. Queda claro, ¿verdad?

La vaca, la cabrilla y la oveja no se atrevieron a protestar, de modo que el león disfrutó de la suculenta cena mientras los otros tres masticaban un poco de hierba seca.

¿Qué enseña esta historia?

No te fíes de los tratos con poderosos, pues solo buscan su interés.

LA RAPOSA Y LA MÁSCARA

Una cachorrita de zorro corría feliz por el bosque persiguiendo mariposas, cuando de repente dio un traspiés y se cayó. Tras ponerse en pie deprisa, reculó para averiguar qué le había hecho tropezar y se quedó helada. ¡No era una piedra ni una raíz, sino una cara!

En realidad se trataba de una máscara, pero la raposilla era demasiado joven e inexperta para reconocerla. Lo que veía era simplemente una cara humana, inmóvil, con hermosos colores en las mejillas y en torno a los ojos. ¿Qué hacía en el bosque y por qué no se movía?

Intrigada, la tocó con una pata, pero aquel objeto extraño no reaccionaba de ninguna manera. Le dio un golpecito más fuerte, sin éxito. Luego se sentó e, inclinando la cabeza hacia un lado, se quedó mirándola. ¿Quizá dormía profundamente? ¿O estaba fingiendo?

Cansada de esperar, quiso entablar conversación.
—Hola, yo soy una raposa. ¿Quién eres tú? —preguntó.
Como no hubo respuesta, insistió:
—¿Me has oído? ¿O es que estás sordo?
La máscara seguía callada.

«Mmm... tal vez no sea sordera, sino solo mala educación.»

—Vale, ya lo entiendo, si no tienes ganas de hablar, dilo y me voy, ¿eh?

La máscara continuaba sin inmutarse.

—¡Tú te lo pierdes! Porque yo, ¿sabes?, sé muchos chistes y acertijos. También muchas historias sobre lo que pasa en el bosque. ¡Nada escapa a mis oídos!

Como la máscara continuaba impasible, la zorrita probó otra técnica. Comenzó a saltar, a dar volteretas, a bailar… todo por hacerla sonreír. En vano. La máscara seguía tal como la había encontrado.

—¡Uf! —resopló por fin—. Lo he probado todo para que seamos amigos, pero no hay manera, ¡eres un aburrido!

Luego golpeó la máscara con el hocico, esta se volcó y entonces se dio cuenta de que detrás de ella no había nada.

—¡Oh, ahora lo entiendo! —exclamó—. ¡Tienes un hermoso rostro de colores, pero nada de cerebro!

Acto seguido se dio media vuelta y se fue de allí sin lamentarlo.

¿Qué enseña esta historia?

No te fíes de las apariencias: puede que detrás de lo más atractivo no haya nada.

EL LOBO Y LA GRULLA

Sentado frente a su guarida, un lobo mordisqueaba unos huesos cuando una astilla se le clavó en la garganta. Asustado, comenzó a toser para intentar que saliera, pero no había manera. Al revés, a cada mínimo movimiento, sentía que aquel huesecillo se le clavaba más y más profundamente.

—¡Socorro, me ahogo! —dijo con un hilo de voz.

Le costaba respirar, le zumbaban los oídos y le lloraban los ojos. ¡Qué mal momento para el lobo feroz, el terror de los bosques!

Cuando pudo serenarse un poco, salió en busca de ayuda. Pero en cuanto oían el sonido de sus pasos, los demás animales ponían pies en polvorosa. Los pocos que se quedaban quietos, era porque estaban bien escondidos o encaramados en las ramas. Nadie tenía ninguna intención de mover una pata.

—¡Ayuda! —repetía el lobo, con la voz cada vez más sofocada.

—¿Puede alguien... quitarme... esta maldita... astilla?

No hubo suerte: del diminuto topo al oso fortachón, nadie quería acercarse a él.

El lobo entonces decidió acercarse al estanque, pensando que quizá se curaría si tragaba un poco de agua. Allí se encontró con una grulla que dormitaba sobre una pata.

Al ver aquel cuello largo y aquel pico esbelto, el dolido animal puso la vocecita más dulce que pudo y suplicó:

—Querida señora grulla... ¿podrías hacerme un gran... favor? Tengo un hueso... atascado en la garganta... ¿Serías tan amable... de quitármelo?

La grulla abrió los ojos y decidió sacar provecho de la desesperación del lobo:

—Puedo ayudarte, pero ¿qué me das a cambio?

—Tendrás... una recompensa... adecuada... ¡Te doy... mi... palabra!

La grulla reflexionó unos instantes, luego salió del agua y se acercó diciendo:

—Muy bien, ¡pero recuerda que tendrás que pagarme!

—Sí, sí —respondió el lobo, mientras abría su enorme bocaza.

La grulla metió dentro la cabeza y parte del cuello, agarró la astilla y, con mucha delicadeza, la sacó sin mayor dificultad.

—¡Ahhh, qué maravilla! —exclamó la alimaña, emitiendo un profundo suspiro de alivio—. ¡Es como si hubiera vuelto a nacer! Gracias y adiós.

—¿Cómo? —protestó el sorprendido pájaro—. ¿Y dónde está la recompensa que me prometiste?

—Ya la tienes —aseguró el recién curado—. Metiste la cabeza en mi gaznate y saliste sana y salva. ¿No te parece suficiente recompensa?

Y para dejar claro a qué se refería, rechinó los dientes y mostró sus colmillos; visto lo cual, la grulla decidió que era mejor guardar silencio, y el lobo se marchó silbando alegremente.

¿Qué enseña esta historia?
No confíes en quien es mezquino:
nunca saldrás ganando.

EL LOBO, EL ZORRO Y EL MONO

El sol acababa de asomarse y los animales nocturnos habían vuelto a sus madrigueras. Los demás habitantes del bosque empezaban a despertar en lo que prometía ser un hermoso día de primavera. Los pájaros piaban, el viento agitaba el follaje y la maleza se llenaba de pasos invisibles.

Aquel entorno pacífico se hizo añicos cuando, de repente, se oyó un ladrido furioso.

—¡Ladrón, eres un ladrón de tomo y lomo!

—¿Ladrón yo? Ten cuidado con lo que dices, porque aquí solo tú mientes de continuo.

—¡Devuélveme mi gallina, ya!

—¡Qué gallina ni qué ocho cuartos! ¡Si llevo dos días ayunando!

—¡Vi con mis propios ojos cómo me la robabas!

—¡Yo no he robado nada!

Semejante alboroto acabó atrayendo la atención de todo el mundo. Los animales, intrigados, se acercaron a las voces y descubrieron que pertenecían al lobo y al zorro. Los dos depredadores se hallaban frente a frente. Con el pelo tieso y el morro fruncido, gruñían sin dejar de lanzarse insultos y acusaciones.

—¡Ladrón!
—¡Mentiroso!
—¡Bandido!
—¡Embustero!

Etcétera, etcétera.

Como ninguno de los dos se calmaba, alguien mandó llamar al mono, que era la criatura más anciana y respetada del bosque. A menudo actuaba como árbitro o juez cuando surgían desacuerdos, y también en esta ocasión se puso a disposición de los contendientes.

—Ayer cacé una gallina bien gorda —dijo el lobo—. Y quería comérmela hoy para desayunar. La metí en mi madriguera, pero cuando desperté ya no estaba. Por su culpa: es un ladrón y un sinvergüenza.

—¡Yo no he robado nada! —protestó el zorro—. Ni siquiera sabía que había cazado una gallina. Mira a ver si tengo yo ni una pluma en mi poder.

—¡Basta, ya he comprendido! —gritó el mono .
—¿Quién tiene razón? —preguntaron todos a coro.

El mono respondió:

—El lobo dice que el zorro es un bandido, pero tiene fama de mentiroso, así que no podemos creerle. El zorro dice que no ha robado la gallina, pero tiene fama de ladrón, así que no podemos creerle. De este modo, ordeno que encierren a los dos en sus madrigueras durante tres días.

Una vez dictada la sentencia, se marchó y dejó a todos estupefactos.

¿Qué enseña esta historia?
Si tienes mala fama porque actúas mal continuamente, después nadie te creerá inocente.

EL CUERVO Y EL ZORRO

Un día, un cuervo que revoloteaba de aquí para allá en busca de comida, vio a un pastor que comía pan y queso sentado al pie de un árbol. Confiando en alguna distracción, el pájaro decidió acechar. Y tuvo suerte, porque el hombre se alejó un momento y dejó su comida desatendida. Rápidamente, el cuervo le robó un buen trozo de queso y se fue volando antes de que nadie pudiera detenerlo.

Satisfecho, llegó a un árbol lejano y se posó en una gran rama para disfrutar de su botín. Justo entonces apareció un zorro. Enseguida detectó el manjar y pensó en cómo quitárselo. Así que, lamiéndose el bigote, exclamó:

—¡Oh, deja que te mire! ¡Qué maravilla! ¡Nunca había visto un cuervo tan hermoso como tú!

Impresionado por aquellas palabras, el pájaro se llenó de orgullo. Siempre había pensado que era muy guapo.

—Tus plumas son tan brillantes que parecen de oro negro —continuó—. Y qué figura tan armoniosa, con la cabeza perfectamente proporcionada al cuerpo. ¡Y el pico, tan puntiagudo...!

Al cuervo se le hinchó todo el plumaje. Se sintió tan halagado que ya no prestó atención al queso que sostenía y esperaba a ser comido.

—¡Y los ojos! ¡Ay, los ojos! —siguió diciendo el zorro, con emoción—. Tienes la mirada de un rey, y deberías ser aclamado como tal por los demás pájaros. Si tu voz fuera tan bella y tan noble como el resto de tu cuerpo, el título de emperador de los cielos sería tuyo.

Esto último fue demasiado para el cuervo. Convencido de que el discurso realmente nacía de una admiración sincera, sintió que su corazón se llenaba de alegría. «Es cierto —pensó—. Nadie puede igualar mis dones. Y mi voz no es una excepción. Ya que este zorro ha sido tan amable conmigo, le demostraré lo bien que canto dándole el placer de oírme.»

Atrapado en estos pensamientos de gloria, el cuervo abrió el pico para cantar y él mismo se sorprendió de ver cómo el codiciado bocado caía en picado rama abajo. El canto se apagó en su garganta cuando el zorro lo cogió al vuelo y lo devoró al instante. Luego estalló en risas:

—¡Ja, ja, ja! Estaba buenísimo, muchas gracias. Si tu hermosura fuera igual que tu estupidez, ¡seguro que serías el más guapo!

Y así fue como el pobre pájaro se quedó a dos velas.

¿Qué enseña esta historia?

No confíes nunca en los aduladores.

EL ASNO Y EL PASTOR

Hace mucho tiempo, en una granja vivía un viejo asno que se había pasado la vida trabajando para un pastor. Sus días eran siempre iguales. De lunes a sábado, por las mañanas su amo subía a su grupa para pastar las ovejas y por la tarde cabalgaba de nuevo para volver a casa. El trayecto era largo y duro, pues ascendía por una montaña elevada a través de difíciles senderos. Y los domingos también caminaba varios kilómetros cargado con quesos que vendían en el mercado del pueblo.

El hombre no dejaba que le faltara comida, agua y abrigo. Pero tampoco golpes y cansancio. Era bastante brusco e insensible, y no le importaba demasiado el sufrimiento del animal. Al contrario, conforme se hizo mayor y se volvió más lento e inseguro, el pastor se tornó más exigente y lo azotaba sin contemplación en cuanto el pobre animal se detenía a recuperar el aliento.

En resumen, aquella bestia no tenía una vida placentera.

Un domingo por la tarde que volvían del mercado, se oyó ruido de cascos. A lo lejos, en mitad de una gran nube de polvo, se distinguían hombres a caballo, armados hasta los dientes.

—¡Bandidos! —exclamó el pastor aterrorizado—. ¡Vienen los bandidos! ¡Rápido, tenemos que huir!

—¿Por qué? —contestó el asno, que estaba pastando.

—¿Cómo que por qué? Seguro que se llevan el dinero que he ganado hoy, ¡y se te llevan a ti también!

—Y si así fuera, ¿qué cambiaría para mí?

—No te entiendo. ¿Qué quieres decir? —preguntó el amo, muy confuso.

—¿Tendría que llevar cargas más pesadas y me darían más palizas que tú?

—¿Qué preguntas son estas? Eres un asno y tu destino es ese.

—Entonces, verás... me da igual ser tu asno o el de ellos. Escapa tú si quieres, ¡yo me quedo aquí!

El pastor volvió a intentar convencerlo, incluso a base de golpes, pero el animal no se movió ni un milímetro, de modo que echó a correr. Todo en vano. Los ladrones lo alcanzaron, le quitaron su dinero y después también a su asno.

¿Qué enseña esta historia?
No cambiarás de vida solo por cambiar de amo.

LA OVEJA, EL PERRO Y EL LOBO

Un día, en el tribunal de animales se presentó un caso muy extraño. Un perro demandaba a una oveja porque, según él, no le había pagado una deuda. Ante el juez expuso su acusación.

—El mes pasado, esta oveja vino a verme y vio que me estaba comiendo una barra de pan. Entonces me dijo: «Si me das tu hogaza, te la devolveré con intereses». Yo acepté la propuesta, pero ha pasado un mes y no me ha devuelto nada. Por tanto, reclamo dos barras de pan: una para que pague la deuda y otra por los intereses del préstamo.

El juez jabalí se dirigió entonces al acusado.

—¿Qué tienes que decir en tu defensa?

—Que yo no he tomado prestada ninguna hogaza de pan —respondió la oveja—. ¡Ni del perro, ni de nadie! ¿Por qué he de devolver algo que nunca he tenido?

El jabalí reflexionó y luego preguntó al perro:

—¿Alguien puede confirmar tu acusación?

—Sí —respondió—. ¡El lobo lo vio todo!

De inmediato este animal, que estaba sentado entre el público, subió al estrado.

—Es verdad —aseguró—. Hace un mes pasé junto a la guarida del perro, y vi cómo daba una hogaza de pan a la oveja. ¡Lo recuerdo perfectamente, como si fuera hoy!

La oveja, pero por desgracia solo ella, se dio cuenta de que el lobo le guiñaba el ojo al perro. ¡Aquellos dos se habían puesto de acuerdo!

—Bueno —concluyó el jabalí—, ya que tenemos un testigo, he aquí mi sentencia: tendrás que entregarle al perro dos panes. Se acabó la vista.

Y así, le gustara o no, la oveja tuvo que cumplir la orden dictada.

Sin embargo, pasadas algunas semanas, un día que la engañada pastaba junto a un barranco, oyó gritos de socorro. Se asomó y vio al lobo en el fondo del precipicio. Se había caído y no podía subir.

—Ovejita —dijo el desesperado—, por favor, ve a buscar ayuda y sácame de aquí.

—¡Te conozco! —respondió la otra con satisfacción—. Tú eres quien mintió para perjudicarme. Lo que dijiste entonces lo recuerdo perfectamente, como si fuera hoy. Así que ahí te quedas, falso.

¿Qué enseña esta historia?
Los que mienten y hacen el mal,
tarde o temprano reciben su merecido.

EL PERRO Y EL LADRÓN

En una oscura noche sin luna, un gran perro guardián dormía plácidamente en el cobertizo de un patio. Aunque tenía un aspecto feroz pocas veces se peleaba. Incluso se dejaba acariciar por los niños y jugueteaba con los más traviesos. Nunca ladraba sin motivo y hasta con los gatos se mostraba tolerante.

Esa fama de bueno y cariñoso llegó a oídos de un ladrón. Durante largo tiempo vigiló la casa que guardaba y urdió un plan para atacarla.

Cierta noche que la familia se iba a una fiesta quiso aprovechar la ocasión. Al caer la tarde, escondido entre la oscuridad se acercó a la puerta del patio, sacó de su bolsa un gran trozo de jamón y susurró:

—Perrito, perro bonito... Ven aquí. Mira lo que te he traído. Mira qué bien huele. Es una pieza de primera. La quieres, ¿eh?

El perro abrió un ojo y luego otro, olfateó y reconoció un aroma estimulante. Se levantó, se estiró y caminó sin prisa hacia la puerta.

El ladrón se sintió muy satisfecho: «Todo va según lo previsto —pensó—. Ahora le daré el manjar, lo acariciaré un poco para ganarme su confianza y me dejará entrar sin problema.»

Confiado, el bandido abrió la verja y avanzó unos pasos escudándose en el jamón.

—¡Aquí estás! Qué buen perro eres —dijo con voz dulce y falsa—. Te gusta la carne, ¿eh? Es toda tuya, siempre que te estés quieto y seas bueno...

El perro se acercó aún más, sin dejar de olisquear. «¡Esto está hecho! —se dijo—. Un paso más y le doy el señuelo. En cuanto se ponga a comer, entraré y robaré todo.» Luego, en voz alta y con una sonrisa hipócrita, continuó:

—Aquí tienes, cachorrito. Tómalo y disfruta de la cena que te he traído.

Cuál fue su sorpresa cuando oyó al perro diciendo:

—Ni se te ocurra. ¿Crees que puedes comprarme? Soy un perro guardián, y soy fiel a mis amos. Sé muy bien cómo tratar con gente como tú, y sé distinguir un regalo de un soborno. Te doy tres segundos para que salgas de aquí, si no quieres conocer mis dientes.

El ladrón se quedó paralizado mientras el perro comenzaba su cuenta atrás con un gruñido sordo:

—Uno... dos...

Antes de llegar al tres, el ladrón había saltado la verja y huía a la carrera. Con las prisas, dejó caer el jamón, que el perro devoró con fruición antes de volver a dormir. Una vez más, había cumplido con su deber.

¿Qué enseña esta historia?

No te fíes de quien de repente es generoso y recuerda que quien regala de verdad no espera nada a cambio.

EL PERRO Y EL COCODRILO

El gran río Nilo fluía tranquilamente entre los arbustos de papiro. Muchos animales acudían allí a colmar su sed, pero solo uno lo hacía de forma muy rara. Era un perro que, a diferencia de los demás, no bebía de una tacada, hasta saciarse completamente, sino que se acercaba y alejaba, arriba y abajo, dando pequeños sorbos cada vez. Los demás se reían, porque parecía un loco, pero él no les hacía caso y repetía su extraño ir y venir.

Un día, sobre la superficie del agua asomaron dos ojos amarillentos. Poco después, emergía un enorme cogote de color gris verdoso, un largo hocico de amplias fosas nasales y, por último, una boca con una terrible dentadura. Era un cocodrilo, ¡uno de los temibles cocodrilos del Nilo!

Al verlo, todos salieron corriendo, pero al cocodrilo no pareció importarle. Sus ojos, con las pupilas dilatadas, se habían quedado fijos en el perro, que seguía con su correteo, de la orilla a los juncos y de los juncos a la orilla.

El enorme reptil se acercó un poco más, luego bostezó, se estiró y gritó:

—Pero, ¿qué haces? ¿Por qué te esfuerzas tanto? ¿No sería mejor parar medio minuto y beber como todo el mundo? Así solo tomas unas gotas de agua cada vez, ¡y tardas un montón!

—Querido cocodrilo —respondió el perro, siempre manteniendo la distancia—. Te agradezco el consejo, pero ya soy bastante viejo...

—¿Y qué? —se maravilló el grandullón—. Con más razón si eres viejo, deberías evitar correr tanto. Relájate.

—Quería decir —replicó el can— que si he llegado a viejo es porque he aprendido a reconocer los peligros y a evitarlos. Verás, hace poco que me mudé a esta zona. Cuando llegué indagué un poco y descubrí que a vosotros, los cocodrilos del Nilo, os gusta mucho la carne de perro. Y como a mí me importa mi carne, pensé: ¡mejor beber pequeños sorbos a toda prisa, que darte la oportunidad de comerme sin mover un músculo!

El cocodrilo del Nilo se quedó sin palabras.

Se dice que desde entonces los perros del Nilo han seguido su ejemplo, y los cocodrilos han tenido que renunciar a su plato favorito.

¿Qué enseña esta historia?

Los sabios y precavidos
no se dejan engañar fácilmente.

EL ZORRO Y LA CIGÜEÑA

Un zorro caminaba aburrido por el bosque. «¿Qué podría hacer hoy? —se preguntaba—. ¿Un baño en el lago? ¿Una carrera con la comadreja? No, mejor algo más tranquilo, no quiero cansarme...» Entonces vio pasear a la cigüeña y tuvo una idea. Se le había ocurrido cómo gastarle una broma y divertirse un rato.

Así pues, de forma muy educada se presentó ante ella y le propuso cenar juntos esa misma noche. La cigüeña aceptó encantada, pues el zorro le parecía muy amable y elegante. Poco después se puso guapa y fue a verlo con sus mejores intenciones.

Los dos entablaron una agradable conversación hasta que llegó la hora de comer. Entonces la invitada se llevó una desagradable sorpresa. El zorro había preparado una sopa, que sirvió en grandes cuencos. Pero, ¡aquel plato no era apto para su pico! Por mucho que lo intentara, ella no podría sorber ese líquido.

A pesar de todo, trató de no mostrar su frustración. Se daba perfecta cuenta de que el zorro le había hecho un feo adrede, solo por burlarse.

—Querido zorro —dijo entonces—. Tu sopa debe de estar buenísima... Sin embargo, no tomaré más, pues no tengo mucho apetito. Pero te agradezco la amabilidad y me gustaría devolverte la invitación. ¿Qué te parece si mañana vienes a mi casa?

—Por supuesto, muchas gracias —contestó el astuto, riendo bajo sus bigotes. No solo estaba disfrutando de lo lindo, sino que además ¡comería gratis!

Al día siguiente, pues, el zorro fue a casa de la cigüeña, que lo recibió con gran amabilidad. Una vez más, los dos hablaron de esto y de aquello, y luego la anfitriona sirvió la comida. Esta vez fue el zorro quien se quedó pasmado.

La cigüeña había cocinado carne, pero la había colocado en dos recipientes altos y estrechos. Ella, con su largo pico, se puso las botas. El zorro, en cambio, por más que lo intentó, no pudo ni siquiera dar un bocado: su hocico era demasiado ancho y corto para aquel frasco. Tuvo que conformarse con lamer el borde, mientras su estómago rugía de hambre.

—¡Oh! —exclamó la cigüeña con ironía—. ¿No te gusta lo que he preparado? ¿O es que todavía te dura la cena de añoche?

Con el rabo entre las piernas, el zorro se marchó sin despedirse siquiera. ¡Había recibido una buena lección!

¿Qué enseña esta historia?
No hay que hacer daño gratuitamente,
pero cuando alguien se porta mal,
es justo que tenga su merecido.

LA ZORRA Y EL ÁGUILA

Como cada mañana, mamá zorra se preparaba para ir a cazar y como siempre, les dijo a sus cachorros:

—Sobre todo, quedaos en la madriguera hasta que yo vuelva. ¡No salgáis!

—Sí, mamá —respondieron los pequeños.

La madre los miró sin ninguna confianza, pues conocía a sus dos mocosos y sabía que podían meterse en problemas muy fácilmente. Pero no le quedaba más remedio que salir a por comida, así que se marchó. En cuanto se alejó de su vista, los zorritos comenzaron a asomar el hocico y mirar a su alrededor. No querían desobedecer, pero afuera parecía haber tantas maravillas... Zumbaban las abejas, revoloteaban las mariposas y muchos insectos pululaban por la hierba. ¡Demasiadas tentaciones!

Así pues, apenas unos minutos después corrían en pos de un abejorro simpático y regordete.

Sin embargo, tras un par de brincos los dos sintieron cómo unas garras poderosas los cogían y elevaban por el aire.

¡Era el águila majestuosa! Los había atrapado y se los llevaba hacia su nido entre las rocas. Los zorritos, aterrorizados, ni siquiera pudieron gritar y en cuestión de segundos se vieron entre las pajas, listos para servir de alimento a los hambrientos aguiluchos.

Abajo en el bosque, la mamá zorra vio a sus cachorros volando y los siguió.

—Por favor, águila —suplicó al llegar al nido—. Suelta a mis hijitos. Tú también eres madre y sabes lo que eso significa.

—Precisamente, yo también soy madre —respondió el águila—. ¡Y mis polluelos tienen que comer!

—¡Busca presas adultas en lugar de cachorros indefensos! —respondió la raposa.

—Pero, ¿quién te crees que eres para decirme lo que debo hacer? —replicó el águila con arrogancia.

La zorra se dio cuenta de que debía cambiar de estrategia. Miró a su alrededor y divisó una cabaña en cuyo patio brillaba una hoguera. Aquello le dio una idea. Rápidamente, se fue hasta allí, tomó uno de los troncos ardientes y volvió al nido.

La furiosa madre depositó su brasa en el suelo y gritó:

—Si no sueltas a mis cachorros, prenderé fuego a tu nido. En unos segundos arderá y no podréis escapar.

El águila vio enseguida que no tenía elección. Aquella raposa estaba decidida a cumplir su amenaza.

—¡Venga, marchaos! —ordenó a los zorritos, mientras los empujaba con el pico—. Por esta vez, estáis salvados.

Los dos corrieron a reunirse con su madre y salieron de allí despavoridos. Mientras el rescoldo terminaba de arder entre las rocas, el águila alzó el vuelo en busca de otra presa. Esta vez iría con más cuidado al elegirla.

¿Qué enseña esta historia?

La venganza no es más fácil para el más poderoso sino para el más astuto.

EL LEÓN, EL LADRÓN Y EL POBRE

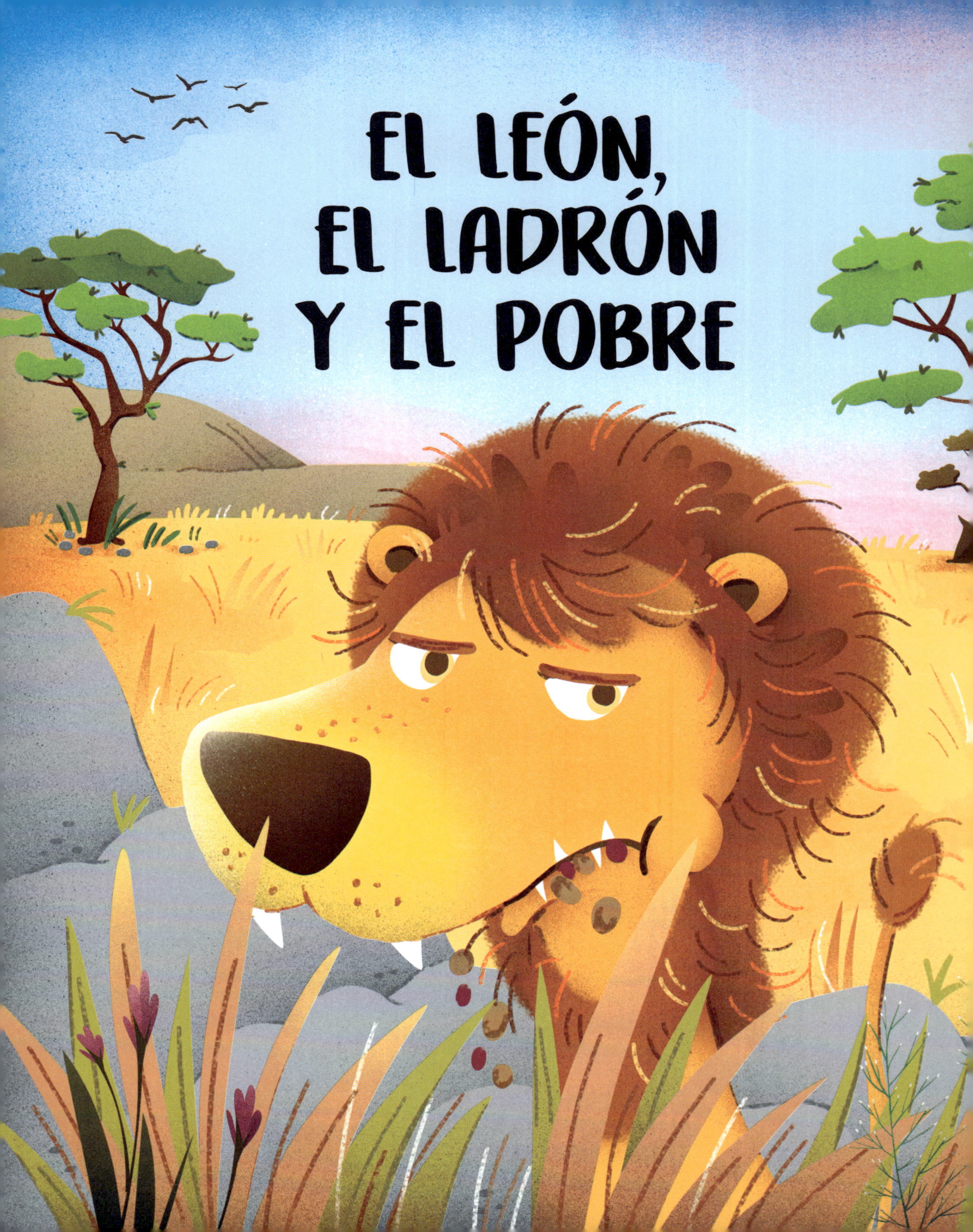

Un día, un león que engullía su presa, muy satisfecho después de una larga cacería, oyó pasos a su alrededor. «No me van a dejar comer en paz...», pensó. Rápidamente reconoció a quien se acercaba, lo que le molestó más todavía. Era un bandido, un ladrón que se colaba en las casas o en las tiendas de los viajeros para robar.

Armado con una falsa sonrisa y una vocecilla chillona, el individuo lo saludó:

—Buenos días, señor león, rey de la selva... ¡Qué hermoso buey has cazado hoy!

El león hizo como si no lo oyera y, apartando la mirada del maleante, continuó comiendo.

—Tengo mucha hambre —siguió diciendo el recién llegado—. ¿No podrías dejarme al menos una patita?

El animal se volvió de nuevo hacia el hombre, lo contempló largo rato con sus ojos amarillos y contestó:

—Te aconsejo que te marches deprisa. No voy a dar a quien no se merece nada. Considérate afortunado si te llevas de mí un mordisco en la pierna.

El rey de la selva no era de los que amenazan en vano, desde luego, y el ladronzuelo huyó de allí. ¡Más valía no tentar a la suerte! Así que el león pudo volver a su buey.

Sin embargo, poco después volvieron a oírse pasos. Esta vez quien se acercaba era un hombre flaco y de aspecto miserable. Parecía muy pobre y hambriento. El león lo vio y también lo reconoció. Era un campesino que trabajaba todo el año, bajo el sol y la lluvia, aunque apenas ganaba lo suficiente para vivir.

Al ver al león con semejante presa, el hombre se asustó y retrocedió tímidamente. Se le hizo la boca agua al pensar en toda aquella carne, pero no tuvo el valor de pedir nada.

—Acércate sin miedo —le animó el león con una voz extrañamente dulce—. Tú no pides, y por eso yo te daré con gusto.

Dicho esto, acabó de zamparse una mitad del buey, y se volvió de nuevo hacia el pobre hombre:

—Lo que queda es para ti.

Dicho esto, se levantó, se estiró, se relamió los bigotes y se marchó, dejando que el pobrecillo se sirviera libremente. Tuvo comida de sobra durante varios días.

¿Qué nos enseña esta historia?
Escucha a los modestos, que apenas piden,
y no a los codiciosos, que exigen.

LOS DOS MULOS

Dos mulos trotaban por la ruta principal de entrada a la ciudad. Uno era Arturo y pertenecía a una familia muy rica. Cargaba con unos baúles llenos de monedas de oro de los que se sentía muy orgulloso. El otro se llamaba Alfredo y, como pertenecía a una modesta familia de campesinos, no llevaba más que grandes sacos llenos de cebada y desgastados por el uso.

Arturo iba con la cabeza alta y el paso ligero, contento y animado. En cuanto dio alcance a Alfredo se puso a hablar con él.

—¡Buenos días! ¿Cómo te va la vida? Veo que hoy también te han cargado bien.

—Claro, claro, compañero, es mi trabajo.

—Pobrecillo —contestó—. Es muy humillante cargar siempre con grano, paja o heno, ¿no?

—No es humillante, solo es cansado.

—¡Mis baúles pesan mucho más que tus sacos, porque están llenos de oro! ¡Pero yo los llevo con mucho gusto! Mira qué sonido tan bonito hacen… —Y sacudió la espalda para que las monedas entrechocaran.

—Si eso te hace feliz… —replicó su compañero.

—¡Claro que me alegra! ¿Quién no estaría contento? ¿Te das cuenta de lo valiosa que es mi carga? ¡Yo soy un mulo con clase! ¡Un mulo afortunado!

Alfredo callaba y sonreía sabiamente mientras el otro no dejaba de fanfarronear:

—Qué feliz soy. Qué suerte tengo. Lo siento por ti...

Y bla, bla, bla... Hasta que, de repente, de una zanja salieron dos individuos armados con palos. Se abalanzaron sobre Arturo y comenzaron a darle una buena paliza.

—¡Muévete, mulo! ¡Vamos! —le gritaban.

Los siguientes bastonazos lo obligaron a desviarse hacia un caminito que se adentraba en el bosque.

—¡Ayuda! ¡Socorro! —rebuznaba Arturo.

Al poco rato el mulo rico desapareció con los dos ladrones, que no hicieron ningún caso a Alfredo y su humilde carga de cebada.

«Pues sí... —se dijo este— ¡Realmente eres un mulo con mucha suerte!»

¿Qué te enseña esta historia?

A veces es mejor no poseer nada y estar tranquilo, que ser rico y vivir en peligro.

LA PANTERA Y LOS PASTORES

Una mañana, una pantera perseguía a una liebre monte a través. Normalmente la caza habría durado unos minutos, pero la pantera venía de días de ayuno y no tenía muchas fuerzas. Sus reflejos también estaban embotados, de modo que cuando se encontró frente a un precipicio fue incapaz de detenerse a tiempo. Resbalando y rodando, el poderoso felino tocó fondo y allí se quedó.

Un par de días después, tres pastores pasaban por el mismo camino y uno de ellos oyó un gemido. Se asomó al barranco y vio a la pantera tendida entre las rocas.

—¡Mirad! ¡Es la liante que se come nuestras cabras!

Y diciendo esto, cogió una piedra y se la arrojó al animal. El segundo pastor también lo apedreó y luego ambos siguieron adelante entre grandes carcajadas.

Pero el tercer pastor era un hombre de buen corazón, y sintió lástima al ver a la pantera en aquel aprieto. «Después de todo —pensó—, es un depredador y cazar cabras forma parte de su naturaleza. No podemos considerarla culpable, pues ella también tiene que comer como nosotros...» Así que abrió el fardo de su almuerzo, partió el pan por la mitad y lo lanzó ladera abajo junto con un gran trozo de queso.

—Buena suerte —gritó, antes de reanudar la marcha.

La pantera se levantó con dificultad para alcanzar aquel bocado. Lo comió con gusto y pronto sintió que recuperaba sus fuerzas. Tambaleándose un poco, fue subiendo la cuesta y consiguió salir de allí finalmente.

Al cabo de algunas semanas, los mismos pastores charlaban tranquilamente mientras sus rebaños pastaban en el prado. De repente, se dieron cuenta de que las ovejas y las cabras huían en todas direcciones. La pantera apareció en un instante y se llevó a una cabra. Unos días más tarde, la víctima fue una oveja.

La escena se repitió una y otra vez. Aunque con una particularidad: ¡ninguna de las presas pertenecía al tercer pastor! Los otros dos, que no sabían nada de la generosidad de su compañero, no comprendían por qué el implacable depredador perdonaba a su rebaño. Él, en cambio, lo entendía perfectamente.

¿Qué nos enseña esta historia?
De la generosidad nace más generosidad,
mientras que la crueldad solo da pie a la brutalidad.

EL LOBO Y EL PERRO

¡Qué vida más dura sufren los lobos durante el invierno! Los animales se quedan en sus guaridas bien calentitos, cuando no están hibernando... Y aquel había sido un invierno especialmente largo y crudo, así que el lobo vagaba por el bosque, triste y demacrado.

Una noche pasó por delante de una granja y vio a un gran perro mordisqueando un hueso, bien contento. Se acercó cautelosamente y, con el rabo entre las patas y la cabeza gacha, dijo:

—Amigo ¿cómo estás tan hermoso y lozano y tienes el pelaje tan brillante? ¿De dónde has sacado ese hueso?

—Me lo ha dado mi amo —respondió el perro.

—¡Ah! —exclamó el lobo, con la boca hecha agua.

—Y tú, ¿por qué estás tan flaco y roñoso?

—Porque en invierno casi no encuentro comida.

—Entonces ven a trabajar a la granja —propuso el perro—. No es muy cansado. Solo debes permanecer despierto durante la noche y mantener los oídos abiertos. Si viene un ladrón, tienes que ladrar… eso es todo.

—¿Y a cambio te dan de comer? —preguntó el recién llegado, que comenzaba a considerar aquella opción.

—Sí, además de una caseta, cómoda y bonita.

—Interesante —siguió el lobo—. ¡Ojalá yo también la tuviera!

—Bueno —respondió el guardián—. Entonces quédate aquí. Mañana por la mañana te verá el amo y, si demuestras que eres bueno, se quedará contigo.

El lobo se acercó un poco más, y entonces se dio cuenta del collar y la cadena del can.

—¿Qué es eso que llevas al cuello? —preguntó.

—Oh, no mucho —respondió—. Me tienen atado porque a veces tengo ganas de escapar.

—¿Así que tienes que quedarte donde estás todo el día? —volvió a decir el lobo, con el pelo erizado.

—¡Ah, sí! Ese es el precio que hay que pagar: si quiero comer todos los días y tener mi bonita y cómoda perrera, debo estar atado.

El lobo reflexionó unos instantes y luego declaró:

—Entonces, querido, quédate donde estás y disfruta de tu hueso. Yo me vuelvo al bosque a disfrutar de mi libertad.

¿Qué enseña esta historia?

Quien ama su libertad nunca renuncia a ella.

EL GALLO Y LA PERLA

Érase una vez un gallo muy vivaracho, que no soportaba estar encerrado en el gallinero. En cuanto la dueña de la granja abría la puerta para recoger los huevos, se colaba entre sus piernas y salía corriendo. Y la pobre tenía que correr detrás de él por todo el corral antes de atraparlo. En otras ocasiones removía la tierra bajo la valla y por allí salía y vagaba hasta que se cansaba. Pero un día se hartó.

—El gallinero se me ha hecho pequeño —anunció a las gallinas—. ¡Me voy a ver mundo!

Dicho esto, volvió a excavar bajo la cerca y se marchó.

Al principio le fue bastante bien. En el campo abundaban las semillas y los gusanos, y había muchos arroyos y charcos donde beber. Aquella vida aventurera le estaba encantando y se sentía bastante orgulloso de sí mismo.

Sin embargo, al cabo de unos días llegó hasta una zona árida y rocosa en donde apenas crecían algunas matas de hierba. Para encontrar algo de comer, tenía que mover piedras pesadas, o picotear con fuerza el suelo duro. Quiso entonces regresar al campo, pero no supo encontrar el camino de vuelta, de modo que siguió adelante sin perder su buen humor. «Forma parte de la aventura —se decía—. Debo tener paciencia si alguna vez paso un poco de hambre...»

Así fue como un día llegó hasta una zona fangosa. En el agua estancada la hierba se pudría y olía muy mal. Con mucha paciencia, el gallo se puso a hurgar con el pico en busca de comida, pero no había ni un mísero grano, semilla o fruto seco...

En cierto momento vio algo que blanqueaba entre el barro. «¡Una larva!», pensó, encantado. Pero no. No era una larva, sino una perla. El gallo se decepcionó al principio, pero luego se echó a reír.

—¡Qué extraña es la vida! —exclamó—. Muchos darían cualquier cosa por tener esta joya; yo, en cambio, la cambiaría por una migaja de pan.

Después dejó que la perla se hundiera en el barro y siguió su camino.

¿Qué enseña esta historia?
Las cosas no son preciosas por sí mismas, sino solo según el valor que tienen para ti.

LAS ABEJAS Y LOS ZÁNGANOS

Colgada de un gran roble una colmena bullía de actividad. Desde el amanecer hasta la puesta de sol, las abejas iban y venían para llevar el néctar recogido en los prados en flor. Esa mañana, sin embargo, el zumbido alrededor del árbol era ensordecedor, con insectos volando en todas direcciones como si hubieran enloquecido. Y es que las abejas y los zánganos se estaban peleando por la miel almacenada en los panales.

—¡BZZZZ! ¡La miel es mía! ¡BZZZZ! La he producido yo con mi trabajo y tengo derecho a comérmela —decía una abeja.

—¡BZZZZ! ¡La miel es mía! ¡BZZZZ! La he producido yo con mi trabajo y tengo derecho a comérmela! —repetía un zángano.

—¡BZZZZ! No toques mi miel —añadía otro.

A lo que otra abeja respondía:

—¡BZZZZ! Que no se te ocurra A TI tocar MI miel.

Como el alboroto subía de tono se decidió pedir ayuda a una figura imparcial, y se avisó a la avispa. Esta acudió de inmediato y, posada sobre una rama, impuso silencio.

—De modo que, si lo he entendido bien, todos queréis la miel. Pero la miel la producen las abejas, que justamente quieren comérsela, mientras que los zánganos no producen nada, ¿no es así?

—¡BZZZZ! ¡Así es! —fue la unánime respuesta.

—Sin embargo, abejas y zánganos son idénticos: tienen la misma figura, el mismo tamaño, los mismos colores —continuó la avispa—. De manera que es imposible saber quién de vosotros es una abeja y quién es un zángano, ¿verdad?

—¡BZZZZ! ¡Verdad! ¡Verdad!

—Entonces, ya que no se os distingue a simple vista, os definirán vuestras acciones —concluyó con un suspiro—. Id al prado, coged el néctar y volved para llenar los panales de

miel. Los que puedan hacer eso podrán comerla. ¿Estáis de acuerdo?

—¡BZZZ! Sí —contestaron las abejas a coro.

—¡BZZZ! No —replicaron a coro los zánganos.

—Genial —dijo la avispa—. Los zánganos se han retratado: si no quieren llenar los panales es porque no pueden. ¡Caso resuelto!

¿Qué nos enseña esta historia?

Por su obra reconocerás al artesano.

EL PAVO REAL Y JUNO

De todos los animales del mundo, el pavo real es sin duda uno de los más bellos. Su elegancia no tiene parangón y sus colores son tan deslumbrantes que embelesan a todos. Cualquiera diría que una criatura así de maravillosa debería estar contenta. Pero no, el pavo real no estaba contento. Al contrario, estaba muy preocupado porque odiaba su voz y le parecía que su torpe canto estropeaba su magnífico aspecto. Cuando estaba solo intentaba cantar, aunque apenas conseguía proferir unos ruidos extraños:

—¡EEEJAAA! ¡EEEEEJAJAA!

Así las cosas, un día se armó de valor y se presentó ante Juno, la reina de los dioses. Ella le saludó con benevolencia:

—Dime, pavo real, ¿qué ocurre? ¿Por qué pareces tan triste, siendo tan majestuoso?

—Diosa, soy hermoso, lo sé. Pero, ¿me has oído cantar alguna vez? —respondió el pavo.

—Ciertamente, diría que no —contestó ella—. ¿Has venido a ofrecerme un concierto?

—En realidad... —replicó el ave, mortificada.

—Vamos, no seas tímido. Canta —le instó ella.

Obedeciendo, cogió aire, estiró el cuello y graznó:

—¡EEEJAAA! ¡EEEEEJAJAA! ¡EEEEEJJOOOJAAA!

De inmediato, calló esperando que la diosa reaccionara.

—Comprendo por qué has venido —dijo Juno—. Querrías para ti una voz tan espléndida como tus plumas, ¿verdad?

—Sí —respondió el pavo real—. ¡No me parece justo que la alondra o el ruiseñor o el gorrión se luzcan con sus bellos trinos y yo no! ¡Yo quiero cantar y encantar!

—Querido pavo real —replicó la divina—. Cada uno es lo que es. Tú eres hermoso, el águila es robusta y el ruiseñor tiene una voz armoniosa. La naturaleza distribuye sus dones para que nadie sea superior a los demás, ¿entiendes? Todas las criaturas tienen méritos y defectos. Quiérete por lo que eres y verás como estás bien. Si, por el contrario, luchas comparándote con los demás, nunca serás feliz, ¡porque siempre habrá alguien que tenga algo que tú no tienes!

El pavo inclinó la cabeza, y luego dijo:

—Gracias, diosa. Me has demostrado que solo mis pensamientos eran feos. A partir de ahora ya no lo serán.

¿Qué nos enseña esta historia?

A menudo el infeliz lo es porque anhela lo que no tiene y eso no le deja ver la belleza que sí es suya.

EL ZORRO Y LAS UVAS

Bajo el ardiente sol del verano crecía una hermosa parra repleta de uvas. La planta trepaba por una pérgola y daba sombra en el patio de una granja. Se notaba que había sido cuidada con esmero, porque lucía racimos llenos, con bayas brillantes y redondas, tan perfectas que parecían pintadas.

Acertó a pasar por allí un joven zorro hambriento, que deambulaba con la nariz pegada al suelo para rastrear cualquier indicio de comida. En cuanto detectó aquellos espectaculares racimos, su estómago vacío lanzó un rugido.

—Tengo que darle algo a mi cuerpo, ya —exclamó—. Y esas uvas me vendrán de perlas.

Rápidamente, se llegó al pie de la parra y se puso a dos patas. Los frutos, sin embargo, estaban a unos tres metros del suelo, de modo que el zorrito no los alcanzaba ni siquiera de puntillas.

—Uhm, tendré que saltar —se dijo.

Así que se alejó unos pasos, tomó carrerilla y dio un salto. Pero no levantó más de medio metro del suelo.

Se alejó más, corrió a grandes zancadas y... ¡ooop! Otro salto. Pero tampoco esta vez alcanzó ni la mitad de la altura necesaria para llegar a los racimos.

—¡Cáspita! —se quejó—. A la tercera será la vencida.

El zorro despegó de nuevo, corrió lo más rápido que pudo, se dio un gran empujón con las patas y saltó arriba arriba... tan alto que cayó en picado sobre su pescuezo.

—¡Ay, ay, ay! —gimió—. ¡Pero no me rendiré!

Así que reanudó su carrera y volvió a trepar, una cuarta vez y una quinta... Pero a cada una caía al suelo mal o peor...

Por fin se detuvo, con las piernas temblorosas, la lengua fuera y sin aliento. Si al principio estaba débil por el hambre, ahora se había agotado por completo. Y mientras tanto los racimos seguían en su sitio, meciéndose con la brisa veraniega como si se burlaran de él. A primera vista le habían parecido altos, pero ahora le parecían inalcanzables. El zorro los miró melancólicamente una última vez y luego se puso en pie y se marchó.

—¡Quédate donde estás, uva! —exclamó—. ¡De todos modos no estás madura!

¿Qué nos enseña esta historia?
Los sabios admiten su fracaso,
los necios tratan de disimularlo.

EL CABALLO Y EL JABALÍ

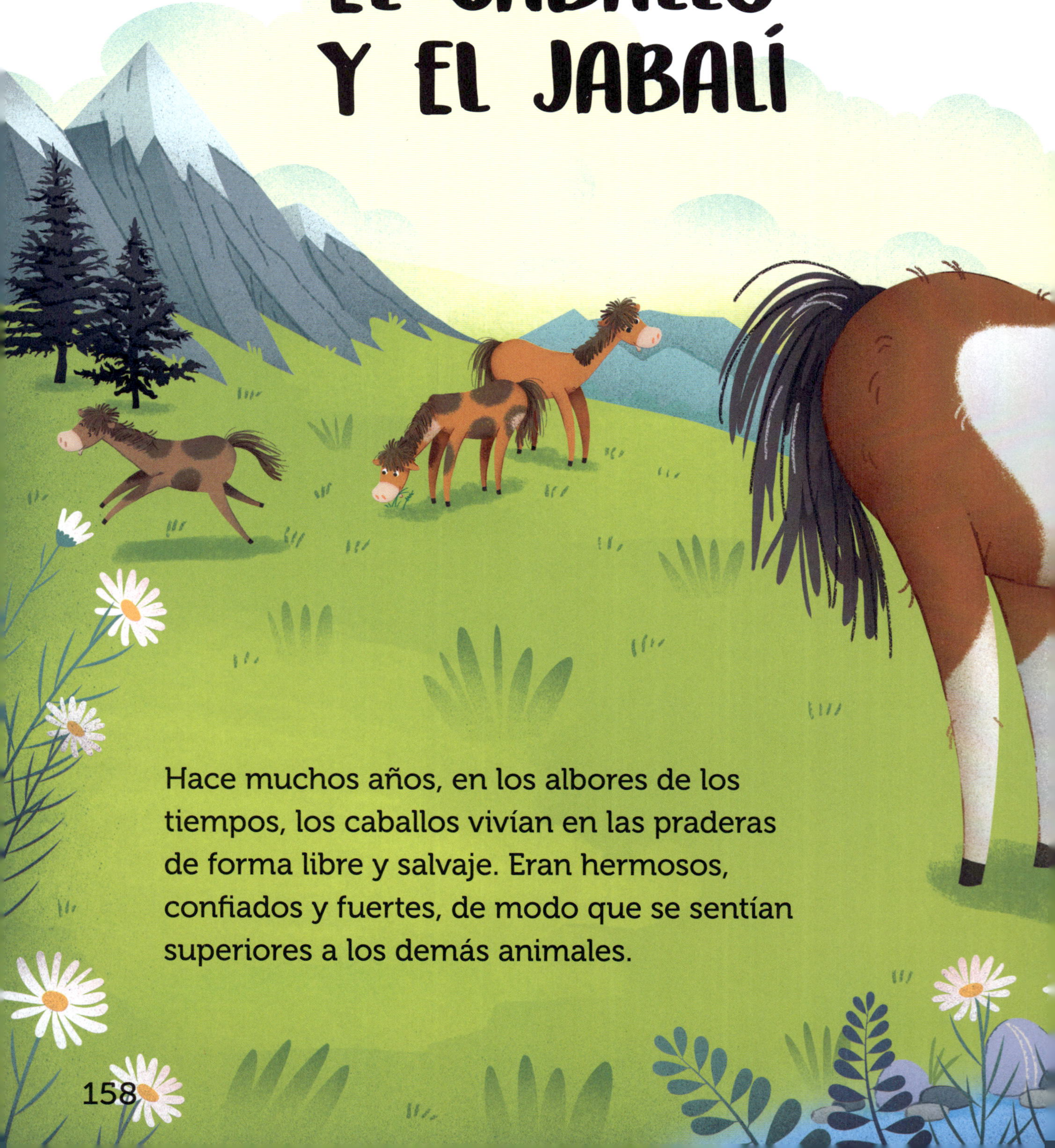

Hace muchos años, en los albores de los tiempos, los caballos vivían en las praderas de forma libre y salvaje. Eran hermosos, confiados y fuertes, de modo que se sentían superiores a los demás animales.

Un día, un caballo se acercó a un estanque, inclinó la cabeza y bebió.

«Qué sabor tan extraño tiene el agua —pensó.»

Solo entonces se dio cuenta de que allí mismo se estaba bañando un jabalí.

«Por eso está asquerosa —se dijo—. Esa horrible criatura ha ensuciado la charca. ¡Cómo se atreve!»

El asco se transformó en rabia y el caballo pensó en castigar al osado. Para ello se fue a buscar a un cazador.

—Hombre, te traigo una presa fácil. Súbete a mi lomo y mataremos a un jabalí: ¡con tus armas y mi velocidad no tendrá salvación!

Al cazador le encantó el trato. Muchas veces el cerdo salvaje se había escapado ante sus narices, ¡pero ahora no tendría ninguna opción de salirse con la suya!

Dicho y hecho: caballo y jinete enseguida alcanzaron al animal. El hombre se abalanzó sobre él y lo mató con unas pocas flechas bien dirigidas.

El caballo estaba muy contento de haber obtenido su venganza, pero aquella alegría le duró muy poco. Cuando le dijo al cazador que bajara de su grupa, este respondió:

—Al contrario. Creo que voy a quedarme aquí. He descubierto que puedes serme muy útil. Eres fuerte y rápido, puedes llevarme a mí y a otras cargas, y sobre todo permitirás que me convierta en un cazador infalible. ¡Desde hoy estarás a mi servicio!

Y para confirmar su decisión, ató una cuerda al cuello del caballo, y en un instante el animal se encontró prisionero.

Así fue como, desde entonces, los caballos se convirtieron en esclavos de los humanos y tuvieron que renunciar a su vida libre y despreocupada.

¿Qué nos enseña esta historia?

No quieras castigar cuando estés rabioso
si no quieres acabar tú también castigado.

LA MOSCA Y LA HORMIGA

Una mosca estaba posada en una piedra y desde allí disfrutaba contemplando las idas y venidas de una hormiga. Le parecía muy graciosa la forma en que zigzagueaba entre los tallos de hierba, moviendo frenéticamente sus patitas y antenas, sin permitirse ni un momento de pausa.

—¡Ah, qué bien se está aquí al sol! —exclamó en cierto momento—. Hormiga, me das pena...

—¿Por qué? —preguntó esta, asombrada.

—¡Porque trabajas todo el santo día y te pierdes lo mejor de la vida! Si supieras volar como yo, ¡verías grandes maravillas!

—¿Sí? —respondió la interesada—. ¿Por ejemplo?

—Bueno, ya sabes... Puedo entrar en los lugares más prestigiosos, volar hasta las mesas de los reyes, posarme en los tronos, comer los manjares de los ricos y los nobles. Si me apetece, descanso sobre un cojín de seda o sobre una copa de oro.

La hormiga escuchaba sin dejar de buscar comida. A la mosca, por otra parte, tampoco le importaba si le atendía, pues solo quería presumir.

—Tú te pasas la vida con la cabeza gacha, yo, en cambio, puedo volar adonde quiera. No hay ningún lugar al que no pueda ir —continuó diciendo.

La laboriosa hormiguita seguía llevando comida a su nido, y no se dejaba distraer por la cháchara. En un momento dado, sin embargo, aquel tono de superioridad la irritó tanto que decidió poner fin al discursito.

—Querida mosca —respondió por fin—, es cierto que puedes volar a cualquier parte y entrar en cualquier lugar, pero en ningún sitio eres bienvenida. Entras en las moradas de los reyes, pero no te invitan. Allá donde vas, te echan. Puedes intentar sentarte en las mesas más ricas, pero si te descuidas acabas aplastada. Nadie te quiere y molestas a todos, tal como estás ahora molestándome a mí. Yo me paso la vida trabajando, tú te la pasas colándote donde no te han invitado e intentando escapar de los que quieren matarte. Si eres feliz, que así sea. Yo prefiero mi existencia digna a tu vida pordiosera.

La mosca se quedó con la boca abierta. Con una mueca de desdén, levantó el vuelo y se marchó para no volver jamás.

¿Qué nos enseña esta historia?
Piensa bien cuáles son tus méritos antes de presumir.

LA AMABILIDAD DEL CUERVO

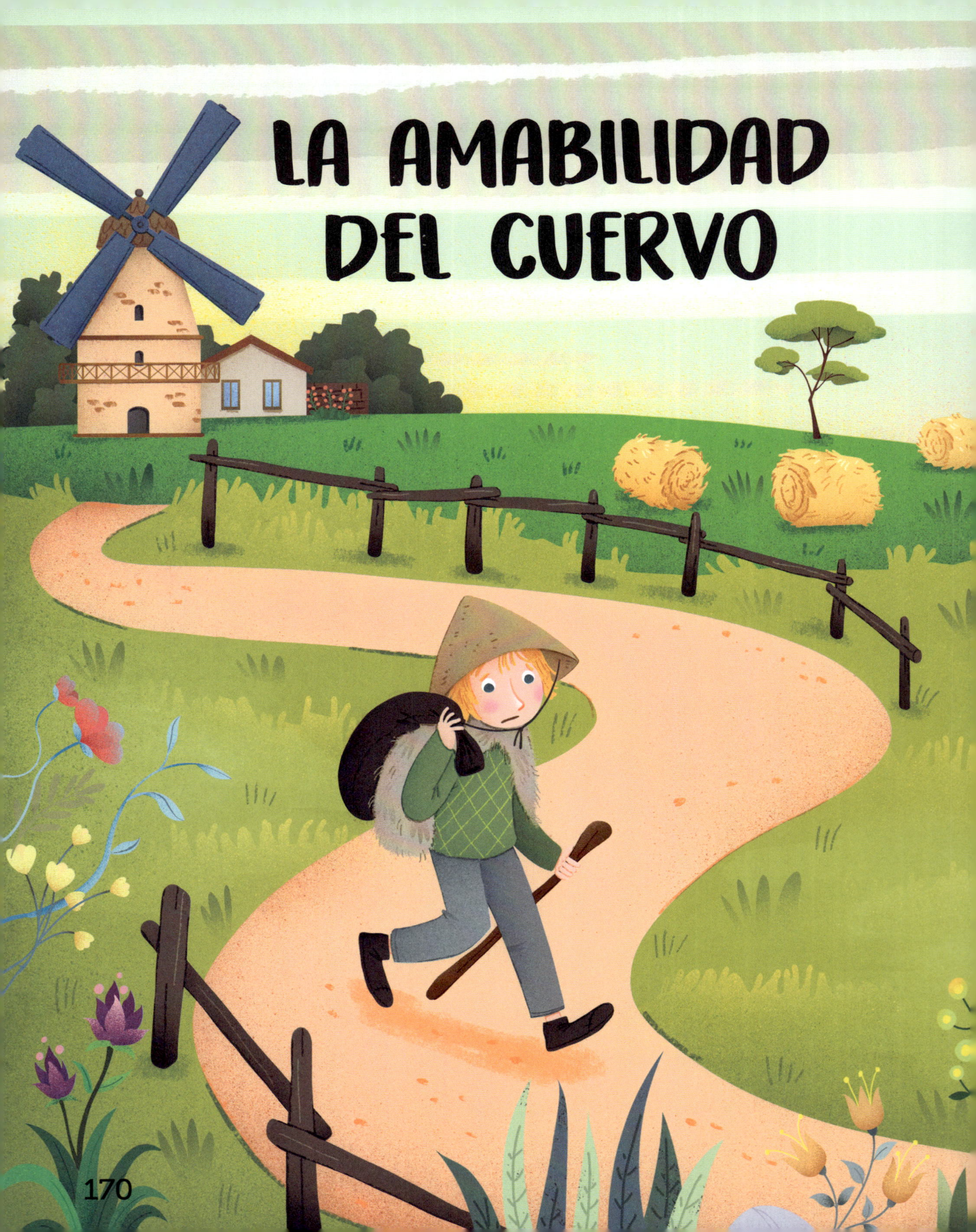

Un hombre andaba por un camino rural. Llevaba muchos días viajando y se sentía cansado. Los kilómetros recorridos le pesaban, pero sobre todo le pesaba la soledad. Le habría gustado compartir su trayecto y charlar con alguien, pero solo se había encontrado con personas a caballo o con campesinos demasiado ocupados para prestarle atención.

En mitad de sus solitarias cavilaciones oyó una voz algo ronca, pero suave, que decía:

—¡Buenos días!

El hombre se detuvo y miró a su alrededor, pero no vio a nadie.

—¡Buenos días! —respondió él, cortésmente.

—¡Buenos días! —repitió la voz, alegre.

Intrigado, el hombre se encaminó hacia el lugar de donde procedía la voz. Merecía la pena indagar un poco, aunque a su alrededor no se veía ni un alma.

—¿Quién habla? —preguntó.

Al no recibir respuesta, comenzó a pensar que se había equivocado: «Tal vez el viento traía el eco de alguna conversación lejana», imaginó.

Así que reanudó la marcha, pero al cabo de unos cientos de metros volvió a oír la suave voz:

—¡Buenos días!

«¡No me he equivocado! ¡Hay alguien por aquí!», pensó el hombre, que entonces preguntó:

—¿Por qué no te dejas ver?

Un nuevo «¡Buenos días!» fue la única respuesta.

El viajero decidió intentarlo una vez más. Quizá la persona era tímida y necesitaba un poco de ánimo.

—Sal —dijo entonces—, me gustaría conocerte.

—¡Buenos días, buenos días! —repitió la voz.

Esta vez el tono no era cortés, sino divertido.

«¡Se está burlando de mí!», pensó con la cara enrojecida de ira.

—Buenos días, buenos días, buenos días —gritó (o más bien graznó) de nuevo la voz.

Fue entonces cuando vio un cuervo revoloteando sobre una rama entre las hojas de un árbol.

—¡Maldito seas! —exclamó el hombre—. ¡Me has hecho perder mucho tiempo! ¿Qué gracia te hace burlarte de alguien como yo? Eres un maleducado. ¡Con gusto te arrancaría todas las plumas de la cola!

El cuervo lo miró con sus ojos brillantes e irónicos, para responder:

—¡Buenos días!

¿Qué nos enseña esta historia?
Antes de volcarte en algo, sopesa bien
si vale la pena.

EL ARRENDAJO Y EL ZORRO

El arrendajo brincaba al pie de un roble. El otoño había sido generoso y entre la maleza abundaban las bellotas, su comida favorita. No le costaba ningún esfuerzo encontrarlas y disfrutaba con tranquilidad, llenando felizmente su barriga.

De repente, sin embargo, una mancha de color pardo tiñó los arbustos e inmediatamente su instinto se puso en guardia. Antes de que aquello cobrara forma, el pajarillo ya había alzado el vuelo. Un zorro asomó entre los arbustos, a paso lento, balanceando con elegancia su gruesa cola.

—Querido amigo —dijo el recién llegado—. ¿Por qué has salido con tanta prisa? ¿Acaso me tienes miedo?

—Tú y yo no somos amigos —respondió el aludido, posado en una rama.

—Pero podríamos serlo —sugirió el zorro—. Estoy seguro de que tenemos mucho en común y sería divertido charlar. Tú eres grácil y elegante, y yo soy muy simpático.

—Muy bien, charlemos —accedió el pajarillo—. Vamos a ver... ¿Qué opinas del tiempo?

—No puedo hablar si te quedas ahí de pie —objetó el raposo—. ¡Me va a dar tortícolis! ¿Por qué no bajas?

—Ni hablar.

—¿Es que me tienes miedo? Mira, no tengo intención de hacerte daño. Ya he comido, y si quiero picar algo hay larvas gordas, saltamontes y grillos en cantidad. Créeme, yo solo quiero hacer amigos.

—Y yo te creo, pero prefiero creerte desde aquí arriba.

Hagamos una cosa, prometo quedarme aquí sentado.

—Adelante. Yo también seguiré sentado donde estoy.

—¡Ay, ay, me duele el cuello! Colócate al menos en la rama más baja.

—Claro, claro. Casualmente es tan baja que podrías saltar hasta ella.

—Oh, pero, ¿por qué eres tan desconfiado? ¿Te parezco peligroso?

—Tú no, pero tus dientes sí.

Al oír estas palabras, el zorro se echó a reír, mostrando unos colmillos que no presagiaban nada bueno. El arrendajo también estalló en carcajadas y añadió:

—Yo no voy a tocar el suelo, de modo que si de veras quieres ser mi amigo, ¡aprende a volar!

Y así, con un movimiento de las alas, levantó el vuelo y el zorro tuvo que contentarse con comer larvas, grillos y saltamontes.

¿Qué nos enseña esta historia?

Aprende a distinguir y evitar a quienes solo desean tu mal.

ÍNDICE